AF309632

PROJET D'EMPRUNT

POUR

LA LIBÉRATION DU TERRITOIRE

La réparation des ravages causés par la guerre étrangère et par la guerre civile et pour le paiement des dettes de l'État provenant de la guerre.

Emission de 4 milliards d'obligations remboursables en 50 années avec intérêt progressif de 2 à 100 p. 100, de la 1re à la 50e année, amortissement d'un 50e du capital, chaque année, par voie de tirage au sort, et droit des obligataires, même remboursés, de participer à 20 millions de lots par an, pendant toute la durée de l'emprunt.

Moyen de parer à la pénurie de numéraire et au trouble dans les transactions lors du paiement des trois milliards à l'Allemagne.

De l'Amortissement et de la puissance de l'Amortissement — Du cours forcé des billets de banque — Du traité entre l'État et la Banque de France et de l'intérêt payé à la Banque pour ses avances.

APPEL A LA FRANCE

Par M. L. LE HIR

Rédacteur en chef du *Mémorial du Commerce et de l'Industrie.—*
Annales de la Science et du Droit commercial,
Chevalier de la Légion d'honneur.

PARIS

AU BUREAU DU *MÉMORIAL DU COMMERCE ET DE L'INDUSTRIE*

RUE DE LA SOURDIÈRE, 19

1872

Projet d'emprunt pour la libération du territoire, la réparation des ravages causés par la guerre étrangère et par la guerre civile, et le paiement des dettes de l'Etat provenant de la guerre.

Emission de 4 milliards d'obligations remboursablesen 50 années, avec intérêt progressif de 2 à 100 p. 100, de la 1re à la 50e année, amortissement d'un 50e du capital, chaque année, par voie de tirage au sort, et droit des obligataires, même remboursés, de participer à 20 millions de lots par an, pendant toute la durée de l'emprunt.— Moyen de parer à la pénurie de numéraire et au trouble dans les transactions lors du paiement des 3 milliards à l'Allemagne.

Par **M. L. LE HIR**, Docteur en Droit

Chevalier de la Légion d'honneur

I.

1. Diverses propositions ont été faites, divers projets ont été présentés pour hâter la libération du territoire par le remboursement anticipé à la Prusse des trois milliards payables, selon les traités, le 2 mars 1874.

Les projets proposés consistaient principalement en des emprunts forcés ou en des impôts sur le revenu, ou en des souscriptions patriotiques volontaires, remboursables ou non remboursables.

2. Une seule combinaison paraît avoir occupé pendant quelques instants l'attention publique, c'est celle de M. de Soubeyran, proposant un emprunt de quatre milliards, sans intérêts, sous forme d'obligations de 100 francs, remboursables à 200 francs en soixante années, et avec tirages mensuels de lots montant à 5 millions par an. Sur les quatre milliards ainsi empruntés l'Etat paierait à l'Allemagne, au terme fixé du 2 mars 1874 ou par anticipation, le capital de trois milliards restant dûs sur les cinq milliards du traité, lesquels trois milliards entraînent, indépendamment des frais occasionnés par les exigences de la Prusse et les difficultés du paiement, une charge annuelle de 150 millions d'intérêts. Le 4e milliard était destiné par l'auteur du projet à

1

diminuer de 500 millions la dette de l'État envers la Banque de France et à « réparer par les 500 millions de surplus, bien des désastres et à réorganiser bien des services ».

Le système de M. de Soubeyran de rembourser, au double des versements, en 60 ans, sans intérêts, les obligations émises, n'offrirait un avantage tant soit peu appréciable qu'aux souscripteurs dont les numéros sortiraient dès les premières années : Le prêt serait onéreux pour les trois-quarts des obligataires (1), et de plus en plus onéreux jusqu'à la 60e année : la somme annuelle consacrée aux lots n'est, d'ailleurs, nullement en rapport avec les désavantages que présente la combinaison.

3. Quant à la *souscription patriotique des femmes de France*, la réalisation de cette idée généreuse et toute française a l'immense inconvénient d'appeler comme pur don, comme libéralité toute gratuite et sans aucune compensation, les économies du riche et l'épargne du pauvre, de telle sorte que, si la souscription arrive, par exemple, au chiffre de 500 millions exigé pour que les versements deviennent obligatoires, comme les deux milliards et demi de surplus seront nécessairement demandés à l'emprunt, il s'ensuivra que les moins empressés, les plus intéressés auront fait un placement, lorsque les autres parmi lesquels se distinguent surtout les classes laborieuses et les moins aisées n'auront fait qu'un sacrifice. Et cependant, lorsqu'il s'agit d'une œuvre aussi grande, aussi générale, le sort de tous doit être égal. Tous les Français contribueront au remboursement : les avantages ou les allégements doivent être, par conséquent, également répartis entre tous, de même que les charges.

Nous dirons, au reste, plus loin, comment les sommes produites par l'œuvre des femmes de France pourront entrer dans l'emprunt et devenir pour les donateurs un placement participant aux conditions générales, et comment surtout les femmes de France pourront exciter l'élan des souscripteurs, et assurer le succès de l'emprunt national pour la libération du territoire

____

(1) Dans les emprunts à 5 p. 0/0, si l'on suppose le prêteur (et cette supposition est forcée), faisant valoir au même taux le montant des intérêts qu'il perçoit chaque année, le capital prêté se trouve reconstitué par le produit des intérêts ou intérêts des intérêts avant le terme de 15 ans. Le remboursement à 200 fr. des obligations de 100 fr. ne devant se faire qu'en soixante années, il s'ensuivrait qu'un quart seulement des obligataires serait remboursé dans les 15 ans, et que la perte des non remboursés irait progressivement augmentant, tous les ans, jusqu'à la 60e année.

II.

4. La question du paiement, anticipé ou non, de l'indemnité allemande présente des difficultés de plus d'un genre. Ce n'est pas seulement, en effet, de la somme à payer qu'il faut se préoccuper : on sait la crise qu'a failli produire, dans les derniers mois de 1871, la prétention de la Prusse de ne recevoir les 2 premiers milliards qu'en numéraire, ou en valeurs à court terme sur l'Etranger : notre intraitable ennemie n'acceptait même pas la signature de la Banque de France, le premier établissement de crédit du monde entier. La prime de l'or montait ; elle atteignait déjà 25 p. 1000. Les transactions de la vie commerciale ou civile, les achats des choses même nécessaires à la vie ne redevinrent faciles que lorsque des établissements financiers, des municipalités, des chambres de commerce, des syndicats dans les grandes villes industrielles, eurent été extraordinairement autorisés à faire des émissions de billets au porteur de 5 fr. et même de 2 fr. et de 1 fr. La pénurie devenait tellement menaçante que la monnaie divisionnaire elle-même, malgré son bas titre qui la préservait de la sortie de France, commençait à manquer : on la cachait sans doute, de crainte d'une pénurie plus grande encore.

5. Cependant sur les deux premiers milliards, 325 millions avaient été compensés par la cession à l'Allemagne des parties alsaciennes des chemins de fer de l'Etat (1). En mars 1874, ce ne seront pas deux, ce seront trois milliards qu'il faudra verser, et sans compensation aucune, en numéraire encore ou en valeurs sur l'Etranger à très courte-échéauce.

6. Nous devons donc nous garder contre les nécessités redoutables de ce prochain avenir. A cet effet, des précautions ont déjà été prises par le Gouvernement. La loi du 29 décembre 1871 a élevé de 2 milliards 400 millions à 2 milliards 800 millions le chiffre des émissions de la Banque de France et autorisé l'abaissement à 10 et à 5 francs des coupures de ses billets. Cette dernière disposition préservera du trouble les petites transactions, les ventes et achats de première nécessité. Elle empêchera aussi

____

(1) Il faut dire toutefois qu'outre l'indemnité Allemande, la France eut encore à payer, à cette époque, un approvisionnement en céréales que le déficit de la récolte de 1871 peut faire évaluer à 400 millions (Exposé des motifs du Budget de 1872, journal officiel du 23 décembre, 1871, p. 5230, col. 2e)

4

la disparition de la monnaie divisionnaire, puisque, d'une part,
cette monnaie, frappée au titre de 835 millièmes, c'est-à-dire,
ne valant que 7 2/10 p. 0/0 de son taux nominal, ne sera pas
recherchée par la Prusse, puisque, d'autre part, la facilité des
transactions les plus usuelles étant assurée par les billets de
banque de petites coupures, on ne songera plus à se garantir
contre l'avenir par l'accaparement ou même la conservation de
la petite monnaie.

7. Mais comment protègera t-on les grandes transactions, le
paiement entre commerçants ou à faire par suite d'achats importants dans les conditions ordinaires des affaires et de la vie,
ces paiements qui se traduisent journellement par des centaines
de millions sur toute la surface de la France, comment les défen-
dra-t-on contre la pénurie de numéraire dont, nous menace le
remboursement des trois milliards de l'indemnité de guerre ?

Une institution existe en Angleterre et dans l'Amérique du
Nord, ce sont les *clearing-houses*, ou chambres ou bureaux de liquidation (1) : Comme dans ces deux pays les dépôts de fonds
des particuliers et des commerçants se font chez les banquiers
beaucoup plus que dans les grands établissements financiers,
comme un grand nombre de banquiers ou de maisons de banque
se trouvent par conséquent ainsi recevant des dépôts, et, en
même temps, opérant des paiements, il en résulte la possibilité
d'établir entre les diverses maisons un moyen de compensation,
qui fait qu'elles fournissent à une masse énorme de petites sommes en circulation, sans que leurs caisses aient à peine besoin
d'être ouvertes.

8. Que l'on suppose, par exemple, plusieurs personnes ayant
un compte ouvert à une même banque de dépôt, respectivement
créancières et débitrices les unes des autres : le règlement pourrait se faire entr'elles par un simple échange de chèques, sans
qu'elles eussent à recevoir ou à débourser une seule pièce de
monnaie ; ou plutôt, au lieu d'être échangés entre les porteurs,
les chèques seraient présentés à la banque, qui se bornerait à
débiter ou à créditer, selon les circonstances, le compte de chaque client.

Cependant les paiements par compensation sembleraient au

____

(1) *House*, maison, chambre : *to clear* éclaicir, tirer au clair, liquider : *Chambre de liquidation*.

premier aperçu, devoir être très-limités, puisque peu des innombrables créanciers et débiteurs qui existent journellement, se trouvent être les clients de la même banque de dépôt : mais c'est ce à quoi on a obvié, en Angleterre et aux États-Unis, par une espèce d'association entre les maisons de banque qui s'occupent de ce genre d'affaires, par le Comptoir Central, connu sous le nom de *Clearing-house* ou chambre de liquidation , que nous désignions plus haut comme une institution d'une admirable utilité.

9. Les établissements de crédit les plus considérables de Londres, sont, après la Banque d'Angleterre, les banques par actions, *joint stoks banks* : elles étaient au nombre de vingt-six en 1860. Londres possède, en outre, de grandes maisons d'escompte. Mais ce qu'il importe surtout de signaler, relativement au mouvement des chèques, c'est l'existence de soixante banques particulières, dont quelques-unes remontent à la fin du dix-septième siècle, et auxquelles on doit l'institution du *clearing-house.*

Pendant longtemps, ces soixante banques ne voulurent admettre dans leur association, ou chambre de liquidation ou de compensation, aucune maison de banque nouvelle. Ce ne fut qu'en 1854, que les banques par actions purent, après de longs efforts, en obtenir l'entrée. Les autres maisons de banque , quelque forte que fût leur constitution, en demeurèrent encore longtemps exclues. Depuis 1863 ou 1864 le *Clearing-house* n'est plus un établissement exclusif, et, quoique ses membres puissent refuser l'admission à qui bon leur semble, cependant il est reconnu que toute banque respectable et présentant des garanties a, moralement au moins, son droit d'admission.

10. Les agents des comptoirs, formant l'association du *clearing house*, se réunissent chaque jour dans l'ancien Hôtel-des-Postes de Londres, près Lombard-Street, et y échangent les chèques ou traites tirés sur leurs maisons recpectives, liquidant ainsi, en quelques instants, des comptes souvent très-compliqués.

Les résultats obtenus dès les premiers temps par ce sytème de compensation approchent du prodige : les paiements annuellement effectués à Londres, grâce au *Clearing-house* et presque sans l'intervention du capital monnayé, montaient, en 1841, à

25 milliards, en 1847, à 32 milliards ; ils s'élevaient en 1863, à Londres, à 36 milliards, (ils ont plus que triplé depuis : voir plus loin nᵒˢ 15,16), à New-York, à 45 milliards, plus de 123 millions par jour.

11. Et ce n'est pas seulement dans l'intérieur d'une ville que les banques de compensation peuvent opérer : Lors de la discussion au Corps Législatif du projet de loi sur les chèques (devenu loi du 14 juin 1865), la question s'éleva de savoir si l'on devait autoriser l'endossement des chèques ou si l'on ne permettrait de les créer qu'au porteur. Comme ils devaient être exemptés du timbre, le Gouvernement prétendait interdire l'endos afin qu'on ne les substituât pas aux lettres de change, lesquelles devaient être timbrées (1). Or, entr'autres députés, M. Pouyer-Quertier, s'appuyant sur ce que le chèque servirait beaucoup à transporter, sans bourse délier, des valeurs importantes d'une ville dans une autre, et sur ce que, si l'endossement était interdit, le chèque au porteur pourrait bien plus facilement tomber en des mains infidèles et être encaissé « par un inconnu, par un voleur, par un fripon », sur ce qu'encore « il était bon de donner aux villes qui sont en dehors de la capitale les moyens d'établir, comme à Londres, un *clearing-house*, de profiter de cette excellente institution, et de leur accorder les moyens qui garantissent seuls la sécurité des transports de pareilles valeurs, s'exprimait ainsi :

« La ville du Havre, doit, je suppose, cent mille francs à la ville de Paris, la ville de Paris doit cent mille francs à la ville du Havre. Dans la situation actuelle, que se passe-t-il ? Les deux négociants qui vivent porte à porte, mais qui connaissent pas les opérations qu'ils font chacun de leur côté, envoient l'un cent mille francs qu'il doit au Havre, celui du Havre envoie cent mille francs qu'il doit à Paris.

« Voilà deux cent mille francs qui se promènent et qui pourraient bien ne pas se promener du tout, car si ces deux commerçants s'étaient rencontrés, ils auraient pu se dire : Vous devez cent mille francs au Havre, le Havre me doit pareille somme ; établis-

____

(1) Voir cette discussion au *Moniteur*, séance du Corps législatif du 25 mai 1864, *Moniteur* du 26, p. 760 et suiv. Elle est rapportée en ses principales parties, au *Mémorial du Commerce et de l'Industrie*, *Annales du droit Commercial*, Année 1864, 1ʳᵉ partie, p. 172 et suiv. (Voir le prospectus à la fin de la brochure).

sons entre nous la compensation, et avisons nos correspondants que nous nous sommes respectivement payés.

« Voilà le *Clearing house*. Il *existera pour la province comme pour Paris, il existera pour Marseille comme pour Lille, pour Mulhouse comme pour le Havre ; il existera ainsi pour toutes les opérations commerciales et financières du pays....*

« Dans un pareil établissement, les millions se remuent chaque jour par centaines, car je puis citer une seule banque. d'Angleterre, la *London-joint-stocks Bank* qui fait pour 1.500,000 livres sterling d'affaires par jour, soit 38 millions de francs, en ne mettant en mouvement que 15,000 livres de billets de banque ou d'argent. Ainsi on n'a besoin dans ces opérations que de 1 p. 0/0 du capital nécessaire en valeurs, en écus ou en bons de banque. C'est donc un résultat économique énorme, immense.....

« Je voudrais, ajoutait l'honorable député, inviter la Banque de France à organiser elle-même le *clearing-house*, cet excellent mécanisme de crédit commercial, dont je vous ai tant parlé. Je crois que si le Gouvernement et la banque de France marchaient résolument dans cette direction, ils rendraient un énorme service au pays ; de plus ils arriveraient à ce résultat que je regarde non-seulement comme très-probable, mais qui m'apparaît évident et certain, que des *Clearing-houses* n'existeront pas seulement à Londres et à Paris pour les affaires anglaises ou les affaires françaises, mais *qu'il se créera un Clearing house international ou les deux nations les plus commerçantes du monde, la France et l'Angleterre, échangeront les titres, les valeurs qui représentent les sommes dues par une nation à l'autre, et réciproquement.* Vous éviterez ainsi ces expéditions de valeurs, de numéraire, de lingots qui, le même jour, à la même heure, circulent d'un pays vers l'autre, tandis qu'un simple virement eût évité au commerce tous ces frais, toutes ces assurances, tous ces transports dangereux et inutiles. Le commerce du monde se trouverait affranchi de lourdes charges, et un progrès immense de plus serait le résultat de votre institution nouvelle.

« Ne l'oubliez pas non plus, messieurs, *on éloignera ainsi les crises monétaires et commerciales, qui menacent de devenir si fréquentes et si formidables* ». (M. Pouyer-Quertier).

12. Les relations par *clearing-house* que M. Pouyer-Quertier

voulait établir en 1864 entre les villes de la France, existaient, dès cette époque, entre les villes d'Angleterre : On lit , en effet, dans un mémoire in 4° sur les chèques et sur la formation à Paris d'une *Chambre de liquidation*, de M. P. J. Coullet (1) à propos de la chambre de liquidation de Londres : « Un dernier progrès a été introduit dans l'organisation du *Clearing-house*, en 1858, c'est le *country-clearing* ou liquidation des banquiers de province. Par ce moyen, tout établissement de banque des trois royaumes unis peut, s'il le désire, profiter des facilités du *clearing house*. Il suffit pour cela d'avoir un correspondant parmi les clearing-bankers de Londres ».

13. Cependant on ne voit pas bien, au premier aperçu, comment tous les effets négociables même des villes les plus éloignées des unes des autres peuvent se trouver ainsi dans les mêmes mains, comment une compensation aussi générale peut être établie : Ce qui se passe dans le Royaume-uni va nous l'expliquer : « La grande majorité des négociants Anglais, c'est encore M. Coullet qui nous l'apprend, a coutume de domicilier ses effets de toute nature, traites, billets à ordres, mandats à vue appelés chèques, chez les banquiers, pour le paiement. Il en résulte que, la grande masse des effets étant payables chez les banquiers et se trouvant en même temps entre leurs mains pour l'encaissement , il leur suffit d'opérer un échange pour liquider d'énormes paiements. Remarquons, en outre, que les courtiers du stock-exchange, qui correspondent à nos agents de change, ont leurs comptes-courants chez les clearing-bankers et, par conséquent, se soldent entr'eux par des chèques qui viennent se compenser au *Clearing-house*. »

14. Et l'échange des effets ainsi domiciliés chez les banquiers de Londres se fait ou chez le banquier lui-même lorsque ses correspondants se trouvent créanciers et débiteurs les uns des autres, ou, le plus souvent, presque toujours, au *Clearing-house*, là où se rencontrent les débiteurs et les créanciers ou leurs représentants, là où s'échange, à l'échéance, le papier négociable du Royaume-uni presque tout entier.

15. Le Gouvernement, au reste, ne ferme pas les yeux sur les immenses avantages que la France peut tirer de l'établisse-

---

(1) Voir *Mémorial du Commerce et de l'Industrie-Annales du droit Commercial*, Année 1864, 1ere partie, page 242, 243.

ment de banques de compensation ou d'échange : Dans l'exposé des motifs du Budget de 1872, sous le titre de *Banques de Compensation dites Clearing-houses,* on lit ce qui suit (1) :

« Les crises monétaires dont nous venons de vous parler, si peu graves qu'elles aient été, doivent ramener l'attention publique sur les établissements dits *Clearing-houses,* fonctionnant en Angleterre.

« Les compensations opérées dans ces banques centrales, entre les effets tirés par les différents commerçants et banquiers, sont un moyen sûr d'économiser des quantités considérables de monnaie métallique et fiduciaire (2) et d'éviter les frais inhérents au recouvrement des lettres de change et au transport des espèces.

« Le Gouvernement favorisera, autant qu'il dépendra de lui, la création en France d'institutions de cette nature.

« Le Clearing-House de Londres, d'après ses derniers bilans, a fait un ensemble d'opérations s'élevant à plus de 111 milliards de francs, depuis le commencement de l'année 1871 jusqu'à cette époque seulement. (fin novembre 1871) (3). C'est une augmentation de 18 milliards 796 millions de francs sur l'époque correspondante de 1870.

« On se rendra compte de l'énormité de ce chiffre de 111 milliards, en le comparant aux opérations annuelles de la Banque de France, qui ont atteint, comme maximum, huit milliards et demi en 1870.

« Il y a sous ce rapport, dans notre pays une lacune importante à combler, surtout dans les temps que nous traversons.

« La fondation de banques de compensation rendrait en ce moment aux commerce et aux affaires des services signalés ; nous sommes persuadés de voir répondre à notre appel les hommes que leur position financière désigne naturellement pour prendre l'initiative de cette création. »

---

(1) Dépôt, à la séance du 9 décembre 1871, *Journal officiel* du 24 décembre, p. 2230, col. 3ᵉ. Voir encore *Mémorial-Annales*, Année 1871, 1ʳᵉ partie, p. 424.

(2) La monnaie fiduciaire est celle dont la valeur repose uniquement sur la confiance publique, telle que les billets de la banque de France.

(3) C'est, comme nous l'avons dit plus haut, le 9 décembre 1871, que le projet de Budget, avec l'exposé des motifs, a été présenté à l'Assemblée nationale.

16. Ainsi c'est à 111 milliards qu'ont monté les opérations de la Chambre de compensation de Londres pendant les onze premiers mois de 1871. Nous avons vu plus haut (n° 10) qu'elles n'avaient été que de 36 milliards pendant l'année entière 1863 : c'est sans doute à l'admission de toutes les maisons de banque de Londres dans le *Clearing-house* (n° 9) et surtout à l'établissement du *country-clearing*, centralisation à Londres des échanges de papiers des provinces et entre les provinces (n° 12), qu'est dû cet incroyable accroissement d'affaires de la banque de liquidation de Londres.

17. Comme on le voit, il peut exister trois degrés dans l'extension des opérations auxquelles se livre une banque de liquidation : ou ces opérations se renferment dans la ville où elle est établie, ou elles s'étendent à la fois à la capitale et à la province, ou elles embrassent l'échange de papier négociable entre plusieurs nations. Les deux premiers degrés sont, dans le Royaume-uni en pratique pleine et entière ; le troisième paraîtrait également praticable entre deux nations qui échangeraient de grandes masses de produits, soit, comme le disait M. Pouyer-Quertier au Corps législatif (n° 11), entre la France et l'Angleterre.

18. Nous n'avons pas besoin de démontrer combien les effets de l'exportation des masses métalliques qu'il faudrait envoyer à l'Allemagne seraient atténués par le fonctionnement du *clearing-house* à Paris et entre Paris et la province. Nous ne pourrions, d'ailleurs, mieux l'exprimer, non-seulement à propos des circonstances actuelles, mais pour toutes les circonstances possibles et dans tous les temps, que ne le faisait l'exposé des motifs du budget de 1872 : « Les compensations opérées dans les banques centrales entre les effets tirés par les différents commerçants et banquiers sont un moyen sûr d'économiser des quantités considérables de monnaie métallique et fiduciaire et d'éviter les frais inhérents au recouvrement des billets de change et du transport des espèces » (n° 15).

19. L'établissement d'une chambre de compensation à Paris, produirait, en outre, les meilleurs résultats, en ce qu'il mettrait en rapports journaliers les maisons de banque les mieux posées.

20. Quant à la compensation entre les paiements à faire à Paris et les paiments à faire dans les départements, ils pour-

raient être merveilleusement facilités par les comptoirs de la Banque de France, pourvu, bien entendu, que les avantages des négociations ne fussent pas par eux entièrement absorbés. Déjà d'ailleurs, aujourd'hui, beaucoup de négociants et de banquiers de province domicilient leurs traites à Paris.

21. Enfin les rapports de compensation entre la France et l'Angleterre ne présenteraient pas plus de difficultés, puisque des échanges considérables de produits se font sans cesse entre les deux nations. Les comptes-rendus du commerce extérieur de la France annuellement publiés par l'administration des douanes, constatent qu'en 1869, l'Anglerre a fourni à la France pour 648 millions de francs de marchandises et denrées de toute espèce, et que la France en a fourni pour 1,159 millions à l'Angleterre.

22. Il ne faut pas croire, d'ailleurs, que, malgré les exigences de la Prusse, la France ait sacrifié des masses énormes de monnaie métallique en paiment de l'indemnité de guerre ; L'exposé des motifs du Budget de 1872 nous apprend encore que des relevés de l'administration des douanes il résulte que, dans les onze premiers mois de 1871, les importations en France de métaux précieux et de numéraire ont monté à   266 millions

Et que les exportations, indemnité allemande non comprise, ont été de   257

Différence en faveur des importations   9
Les paiements faits à l'Allemagne ont amené une exportation de   219

Soit excédant des exportations sur les importations   210

« Ces chiffres, dit l'exposé des motifs, ont été recueillis avec beaucoup de soin, à l'entrée et à la sortie, par l'administration des douanes. Mais on comprend que des omissions de déclarations soit de la part de maisons de banques, soit de la part de particuliers, puissent, dans une certaine limite, en faire contester la rigoureuse exactitude. — Si, pour raisonner à l'abri de toute chance d'erreur, on double les chiffres indiqués dans le tableau ci-dessus, l'excédant des exportations ne serait encore que de 400 millions en 1871. Or, la réserve métallique du pays est eschiffre des avances à lui faites ou à faire par la Banque de timé à 5 ou 6 milliards. Ce n'est pas une exportation de 400 millions sur une pareille masse qui a pu déterminer la crise et il faut bien plutôt en rechercher la cause dans les spéculations auxquelles on s'est livré sur les métaux ».

22. Nous croyons, pour notre part, que les « spéculations auxquelles on s'est livré sur les métaux » ne sont pas elles-mêmes les principales causes du déficit des espèces monnayées. La pénurie est venue surtout de ce que voyant les espèces diminuer et craignant qu'elles n'arrivassent à manquer, chacun a retenu et mis en réserve les quantités qu'il possédait, et la circulation s'est trouvée ainsi arrêtée.

C'est là tout justement ce qu'il s'agit d'empêcher par l'introduction en France des clearing-houses : avec 1,500 millions seulement d'espèces métalliques et ses clearing-houses, l'Angleterre fait quatre ou cinq fois plus d'affaires que la France avec ses six milliards (1) : usons des mêmes moyens, nous obtiendrons les mêmes résultats.

23. Au reste, ce que nous disions plus haut de la possibilité d'établir des relations d'échange de valeurs et de compensation entre la France et l'Angleterre, se trouve démontré par les quantités relativement minimes (n° 21 ci-dessus) d'espèces métalliques qui sont sorties de France en 1871. En cette année où soit en indemnité de guerre, soit en remboursement de l'approvisionnement de grains qu'elle avait tirés de l'Etranger, (n° 5 et la note) la France a eu à sortir environ deux milliards, les exportations de métaux précieux et de numéraire ont monté, au plus, à 6 ou 700 millions et elles n'ont dépassé les importations que de 400 millions environ (n° 21) : c'est donc surtout par des négociations entre les banquiers anglais et français que les 13 ou 1400 millions de surplus ont été soldés. Mais ces négociations ne se sont pas faites sans frais ; il faut les éviter pour l'avenir, et on ne les évitera qu'au moyen de l'établissement d'un *clearing-house* international, de rapports d'échange et de compensation de créances et de valeurs entre la France et l'Angleterre.

24. Cependant, malgré l'empressement exprimé, l'on ne se hâte pas ; il n'est mention jusqu'à présent de l'établissement de *clearing-houses* ni entre les banquiers de Paris, ni entre Paris

---

(1) Discours de M. Pouyer-Quertier au Corps législatif, séance du 25 mai 1864 (voir Mémorial-Annales 1864, 1re partie p. 176).

et la province, ni entre la France et l'Angleterre. Le Gouvernement compte-t-il sur les facilités de crédit, sur les ressources de circulation que lui donnent l'augmentation des émissions de billets de banque et son traité avec la Banque de France ; ne craindrait-il pas même que la circulation des billets de banque, dont il tire un si grand profit puisqu'elle lui procure, au taux le plus bas possible d'intérêt, un emprunt de plus de 1500 millions (voir plus loin nos 28 et 29), ne se trouvât entravée ou du moins considérablement diminuée par la possibilité d'annuler les unes par les autres les dettes et les créances en les échangeant, et de rendre presque rares les paiements en valeurs monétaires ou fiduciaires ? Ces questions nous amènent à l'examen du traité de l'État avec la banque de France et aux conséquences qui peuvent en découler.

III.

25. C'est sous le Gouvernement impérial qu'une loi du 12 août 1870 établit le cours forcé des billets de la banque de France : La même loi fixait le maximum des émissions de la Banque à 1 milliard 800 millions.

Une nouvelle loi du 31 août, même année, porte ce maximum à 2 milliards 400 millions. Nous avons vu (n° 6) qu'il a été élevé à 2 milliards 800 millions par la loi du 29 décembre 1871.

26. Le cours des billets de banque devenant forcé, il fallait, de toute nécessité, abaisser les coupures au niveau des besoins de la circulation : elles furent réduites à 25 francs par la loi du 12 août, à 20 francs par la loi du 12 décembre 1870, à 10 francs et à 5 francs par la loi du 29 décembre 1871.

27. L'élévation des émissions d'abord à 1 milliard 800 millions, puis à 2 milliards 400 millions, puis enfin à 2 milliards 800 millions, jointe au cours forcé et à l'abaissement des coupures devait être pour la Banque de France, au moins tant que les transactions ne seraient pas où lorsqu'elles ne seraient plus entravées, une source de bénéfices énormes, puisqu'elle prêtait ou escomptait à 6 et 5 p. 100 avec ses billets et qu'elle les faisait entrer dans la cirulation comme monnaie courante et légale.

28. Cependant le temps vint, et ce temps fut celui de la reprise des affaires, où l'État dut partager avec la Banque le profit du privilége qu'il lui avait concédé : Par la loi du 20 juin 1871 le Gouvernement fut autorisé à porter à 1 milliard 530 millions le

France. Les conditions de ces avances ont été réglées par traité du 3 juillet 1871. D'après ce traité, une somme de 200 millions est à prélever annuellement sur le Budget, à titre d'amortissement, à partir du 1er janvier 1872, pour rembourser à la Banque le montant de ses avances. Au moyen de ces 200 millions ainsi prélevés chaque année, la dette de 1,530 millions de l'Etat envers la Banque sera éteinte en moins de sept ans.

Quant à l'intérêt, le traité du 20 juin 1871 le fixait à 3 p. 100 jusqu'à la fin de décembre même année. Il était convenu qu'il serait réglé à nouveau le 1er janvier 1872, et en effet, un second traité l'a fixé à partir de cette dernière époque, à 1 p. 100.

29. Ainsi, on le voit, l'Etat, pour avances pouvant monter à 1530 millions, ne payait à la Banque de France que 3 p. 100 d'intérêt du 3 juillet au 31 décembre 1871, et il ne paie que 1 p. 100 depuis janvier 1872. C'est-à-dire que l'Etat a la faculté, dont il use largement, de se faire prêter par tous les citoyens un milliard et demi et plus, moyennant le paiement seulement de 1 p. 100 d'intérêt, et pourvu qu'à l'amortissement du capital prêté il affecte un prélèvement de 200 millions sur le budget de chaque année : Nous disons *par tous les citoyens*, car c'est la circulation des billets de banque aux mains de tous les citoyens, c'est le privilége qu'a la Banque de faire accepter jusqu'à concurrence de 2 milliards 800 millions ses billets comme monnaie légale, c'est le cours forcé des billets de banque, qui alimentent le fonds où l'Etat puise les 1,530 millions à lui prêtés à l'intérêt de 1 p. 100 par la Banque de France.

30. Au point de départ nous nous demandions si cet avantage de l'Etat de se procurer ainsi à l'intérêt de 1 p. 100, une somme aussi considérable ne refroidissait pas son ardeur pour une institution qui tendrait à remplacer le billet de banque par les effets, par les lettres de change, par les mandats, par les chèques qu'auraient à se présenter réciproquement, au Clearing-House, les créanciers et les débiteurs, les porteurs de toutes ces valeurs diverses :

Quelques efforts que l'on fasse pour le prompt établissement des chambres de compensation en France, quel que soit le succès de ces efforts, il n'est pas à espérer que l'on obtienne avant le 2 mars 1874 et même longtemps après, un mouvement d'échange et de compensation tel qu'une grande diminution puisse se produire dans la circulation des billets de banque. Il n'a jamais été dit, d'ailleurs, que l'institution des clearing-houses en Angleterre et même la prodigieuse extension qu'ils ont acquises dans ces dernières années, aient nui à la circulation du billet au porteur, en ce pays.

On croit donc pouvoir affirmer qu'aucune crainte n'est à concevoir sur les conditions d'intérêts des avances faites à l'Etat par la Banque de France. L'Etat, d'ailleurs, ne peut non plus compter que le cours forcé et l'augmentation des émissions pareront à tout.

Bien loin donc qu'il y ait lieu de différer la création des clearing-houses en France, tous les efforts devraient être dirigés dans ce sens et vers ce but : c'est là un des moyens de salut : qu'on se garde de le négliger ! Le commerce et les affaires ne reprendront, le crédit général ne renaîtra et surtout ne se maintiendra, que si on les tient à l'abri de toute nouvelle crise.

31. Ce que nous avons dit des relations de l'Etat avec la Banque de France, des conditions d'amortissement convenues et des avantages que l'Etat retire de l'augmentation des émissions et du cours forcé, explique pourquoi, contrairement à ce que demandait M. de Soubeyran (N° 2), nous n'appliquons aucune portion de l'Emprunt proposé à la diminution de la dette de l'Etat envers la Banque. Les quatre milliards empruntés seraient en entier destinés au paiement de l'indemnité Allemande et des sommes dues en France par suite de la guerre et à la réparation des dommages causés par la guerre étrangère et par la guerre civile.

IV.

32. Une loi du 6 septembre 1871 porte qu'il « sera accordé « un dédommagement à tous ceux qui ont subi, pendant l'invasion, « sion, des contributions de guerre, des réquisitions soit en « argent soit en nature, des amendes et des dommages ».

Le chiffre des dommages constaté par l'administration s'élève à 700 millions (discussion du Budget de 1872, discours de M. Raudot, *Journal officiel* du 16 mars 1872, p. 1871 col. 2e et 3e.) L'Etat doit, en outre, à la Compagnie des chemins de fer de l'Est 325 millions pour la partie des chemins comprise dans l'Alsace et dans la portion de la Lorraine devenues Allemandes et dont le prix a été compensé pour autant avec les deux premiers milliards de l'indemnité de guerre.

33. La créance du chemin de fer de l'Est résultant, comme on le voit, du paiement des deux premiers cinquièmes de l'indemnité, est reconnue et portée au budget de liquidation qui doit être présenté à l'Assemblée nationale ; mais il n'en est pas de même de la réparation des dommages causés par la guerre étrangère et par la guerre civile. Cependant on annonce qu'il sera mention dans le même budget de liquidation d'une somme de 106 millions qui auraient été ou qui seraient donnés non comme réglement définitif, mais comme provision (*Officiel* même page 1871 et colonnes 2ᵉ et 3ᵉ).

La perte éprouvée par un certain nombre de citoyens doit être, à notre sens, répartie entre tous, à moins d'impossibilité absolue : La guerre n'est pas, comme la peste, comme la grêle, comme l'inondation, un fléau absolument indépendant de la volonté de l'homme. D'ailleurs, ceux qui ne sont pas atteints par l'ennemi, ceux qui sont en dehors de la partie du territoire envahie, sont préservés par les dévastations qui se commettent sur cette partie : C'est la nation tout entière qui est attaquée ; tous les habitants du pays sont donc solidaires, et le dommage doit être supporté par eux tous ensemble.

L'emprunt porterait donc à la fois sur les trois milliards restant à payer de l'indemnité allemande et sur le milliard de sommes dues en France par suite de la guerre étrangère et de la guerre civile, et la somme appelée serait de QUATRE MILLIARDS.

V.

34. Avant d'exposer les conditions de l'emprunt que nous proposons, il importe de rechercher quel pourrait être, dans la souscription des quatre milliards, le produit des ressources, de l'épargne et de l'activité financière de la France.

35. La statistique publiée, en 1866, par le ministère de l'Agriculture et du commerce, dénombrement de la population, nous fournit des données desquelles nous pouvons tirer à ce sujet, des renseignements importants :

Cette statistique divise la population française en six catégories, comprenant :

1° L'agriculture.

2° L'industrie.

3° Le commerce.

4° Les professions intéressant à la fois l'agriculture, l'industrie et le commerce : Entreprises de transport par terre et par mer, compagnies de chemin de fer, paquebots, armateurs etc. Compagnies d'assurance maritime, contre l'incendie et sur la vie, établissements de crédit, maisons de banque, banquiers, etc.

C'est au nombre de ces établissements et entreprises, dont les chefs montent, d'après la statistique officielle à 64,492 que se trouvent les 14,670 principaux patentés des rôles des patentes. Leur patente était, en moyenne, en 1870, de 322 fr. 85, alors que la patente moyenne de la classe des plus forts imposés venant ensuite n'était que de 64 fr 37. C'est donc, à part les grandes fortunes territoriales, dans la 4e catégorie du dénombrement de la population que se trouvent les plus riches ressources et les plus forts capitaux.

5° Les professions diverses (celles n'appartenant ni aux catégories qui précèdent, ni à celles qui suivent.)

6° Les professions libérales et les personnes vivant exclusivement de leurs revenus, catégorie comprenant les fortunes territoriales.

36. La statistique du ministère de l'Agriculture et du commerce rattache à chacune de ces catégories toutes les personnes vivant des professions qui la composent : par exemple, outre les agriculteurs propriétaires, les métayers, les colons, les fermiers, les bucherons, les charbonniers, les jardiniers, elle place dans l'Agriculture les régisseurs et maîtres-valets, les journaliers et les ouvriers employés aux travaux agricoles.

Dans la catégorie industrie sont compris les ouvriers et les ouvrières de l'industrie ;

Dans toutes les catégories sont classés les employés de toute nature, les domestiques hommes ou femmes, suivant la catégorie à laquelle ils appartiennent.

C'est après avoir attentivement étudié ce classement et ces catégories que nous croyons pouvoir former comme suit la liste des souscripteurs à l'emprunt national et le montant des souscriptions qui paraît possible.

37. **Comme** on va le voir, nous prenons dans chaque classe ou profession 1 sur 10,000, ou 1 sur 2,000, ou 2 sur 1,000, ou 1 sur 100, ou 1 ou 2 sur 10 etc. Ceux de nos lecteurs qui voudront établir le chiffre général de la classe ou de la profession, y parviendront sans le moindre effort : si, par exemple, dans la classe des cultivateurs propriétaires le nombre des souscripteurs de 100,000 francs est de 1 sur 10,000, et que ce nombre soit fixé à 477, il est évident qu'il y aura en France 4,770,000 cultivateurs propriétaires, et, en effet, la statistique officielle en indique 4,779,477. — Si, dans la classe des chefs d'établissements commerciaux (hommes) le nombre supposé des souscripteurs de 10,000 francs est de 1 sur 100 et que ce nombre soit fixé à 3,115, il est évident qu'il y aura en France 311,500 chefs d'établissements commerciaux, et, en effet, la statistique ministérielle en indique 311,501. — Si dans la classe des ouvriers et des ouvrières de l'industrie le nombre supposé des souscripteurs de 100 fr. est de 5 sur 100 ouvriers et de 1 sur 1,000 ouvrières, et que le nombre des ouvriers soit fixé à 96,383 et le nombre des ouvrières à 1,010, il est évident qu'il y aura en France 1,927,660 ouvriers et 1,010,000 ouvrières, et en effet la statistique indique 1,927,660 ouvriers et 1,010,493 ouvrières de l'industrie.

Par les nombres que nous présentons on se rendra donc facilement compte de ceux sur lesquels notre appréciation est basée.

38. **Cependant,** les souscripteurs que nous plaçons en premier rang n'appartiennent pas à la statistique du ministère : Ce sont les *huit grands établissements financiers*, y compris la *Banque de France*. Nous supposons que chacun d'eux souscrirait pour 5,000,000 fr. Soit total des 8 souscriptions. 40,000,000 f.

Après cette première supposition, entrant dans les données de la statistique officielle, nous croyons que l'Emprunt national peut compter sur les souscriptions et sur les nombres de souscripteurs qui suivent :

39. Souscriptions de 100,000 fr. :

Cultivateurs propriétaires (1re catégorie), 1
sur 10,000.   F.   477

Chefs d'*établissements industriels* (2e catégorie),
hommes, 1 sur 1,000.   F.   331

Chefs d'*établissements commerciaux* (3e catégorie), hommes, 1 sur 1,000.   F.   311

Maisons de *Banque*, entrepreneurs de *transports, chemins de fer* etc. (4e catégorie), hommes, 2 sur 100.   F.   1,288

Personnes vivant exclusivement de leurs *revenus* ou exerçant des *professions libérales* (6e catégorie), grandes fortunes territoriales, hommes, 4 sur 10,000.   F.   460

Total souscripteurs de 100,000 fr.   F.   2,867

Total montant de la souscription.   F.   286,700,000

40. Souscriptions de 10,000 francs :

2 sur 10,000 *cultivateurs* propriétaires.   F.   954

2 sur 100 patrons ou chefs d'*établissements industriels* (2e catégorie), femmes non comprises   F.   26,540

2 sur 100 chefs d'*établissements commerciaux* (3e catégorie), femmes non comprises   F.   6,230

10 sur 100 patrons ou chefs d'établissements de *transports*, de *banque*, de *crédit* etc. (4e catégorie), femmes non comprises   F.   6,440

1 sur 100 personnes vivant de leurs *revenus* ou exerçant des *professions libérales* (6e catégorie,) fortunes territoriales, femmes non comprises   F.   16,954

Total souscripteurs de 10,000 fr.   F.   57,118

Total montant de la souscription   F.   571,180,000

41. Souscriptions de 3,000 francs.

2 sur 100 *cultivateurs* propriétaires, hommes ou femmes (1re catégorie), soit   F.   95,588

2 sur 1,000 fermiers, colons ou métayers (1re catégorie) soit   F.   4,804

2 sur 10 patrons hommes ou chefs d'*établissements industriels* (2e catégorie) soit   F.   265,416

1 sur 20 patrons hommes ou chefs *d'établis-sements commerciaux* (3e catégorie) soit F. 15,575

Professions intéressant l'agriculture , le commerce et l'industrie, entrepreneurs de *trans-ports. maisons de banque* etc. (4e catégorie) ; patrons hommes 2 sur 10 soit F. 12,898

Professions libérales et personnes vivant de leurs *revenus* (6e catégorie) 4 sur 1,000 hommes ou femmes soit F. 6,780

Total souscripteurs de 3,000 fr. F. 401,064

Total montant de la souscription F. 1,203,183,000

42. SOUSCRIPTIONS DE 1,000 FRANCS :

6 sur 100 *cultivateurs propriétaires* hommes ou femmes (1re catégorie) soit F. 286,764

4 sur 1,000 régisseurs et maîtres-valets hommes ou femmes (1re catégorie) soit F. 842

6 sur 1,000 fermiers , colons ou métayers (1re catégorie) soit F. 14,412

2 sur 100 bucherons ou charbonniers (1re catégorie) soit F. 2,454

1 sur 100 jardiniers F. 1,140

2 sur 1,000 autres professions agricoles (1re catégorie) soit F. 264

3 sur 10 patrons ou chefs d'*établissements industriels*, hommes (2e catégorie) soit F. 398,124

Femmes 2 sur 100 F. 6.690

Patrons ou chefs d'*établissement commerciaux* hommes et femmes 1 sur 10 F. 43,356

Professions de la 4e catégorie *transports, maisons de banque* etc., patrons hommes et femmes, 40 sur 100 F. 26,892

Professions *libérales* et *propriétaires rentiers* hommes et femmes 5 sur 100 F. 84,772

Total souscripteurs de 1,000 F. 1.077,492

Total montant de la souscription F. 1,077,492,000

43. Souscriptions de 100 francs :

Cultivateurs propriétaires hommes ou femmes (1re catégorie) 50 sur 100   F.   2,389,735

Régisseurs et maîtres-valets, hommes ou femmes, 20 sur 100 (1re catégorie)   F.   42,114

Fermiers, colons et métayers 2 sur 10   F.   480,553

Bucherons et charbonniers 50 sur 100 (4e catégorie) soit   F.   61,396

Jardiniers 20 sur 100   F.   22,818

Autres professions agricoles 2 sur 10   F.   37,446

3 sur 10 patrons ou chefs d'*établissements industriels* (2e catégorie) hommes et femmes   F.   498,474

Ingénieurs, directeurs, agents et employés hommes 50 sur 100   F.   47,410

Femmes 1 sur 100   F.   212

Ouvriers 5 sur 100   F.   96,383

Ouvrières 1 sur 1,000   F.   1,010

Domestiques attachés à la personne (2e catégorie) hommes et femmes 4 sur 100   F.   11,716

Chefs d'*établissements commerciaux* (3e catégorie) hommes, femmes 2 sur 10   F.   62,300

Employés de toute nature, hommes, 4 sur 100 F.   4,100

Femmes 2 sur 100   F.   732

Domestiques hommes et femmes 4 sur 100 F.   4,044

Professions *transports, banque, crédit* etc. (4e catégorie) patrons hommes, femmes 10 sur 100   F.   6,723

Ingénieurs, directeurs, employés, hommes, femmes 40 sur 100   F.   41,400

Ouvriers (4e catégorie) hommes 5 sur 100 F.   10,800

Domestiques (4e catégorie) 4 sur 100 hommes   F.   1,428

Professions diverses (5e catégorie) patrons ou chefs d'établissements, hommes et femmes, 25 sur 100   F.   11,625

Employés de toute nature 2 sur 100   F.   906

Domestiques hommes et femmes 4 sur 100 F.   464

Professions libérales et *propriétaires rentiers* (6ᵉ catégorie) hommes 50 sur 100   F.   579,023

Femmes 25 sur 100   F.   134,357

Employés de toute nature hommes et femmes 2 sur 10   F.   17,324

Domestiques, hommes femmes 4 sur 100   F.   18,380

Total souscripteurs de 100 fr.   F.   4,582,873

Total montant de la souscription   F.   458,287,300

44. Souscriptions de 50 francs :

Cultivateurs propriétaires (1ʳᵉ catégorie) 2 sur 100   F.   95,588

Régisseurs et maîtres-valets 20 sur 100   F.   42,110

Fermiers colons et métayers 1 sur 10   F.   240 276

Journaliers et ouvriers 2 sur 1,000   F.   9,224

Bûcherons et charbonniers 5 sur 100   F.   6,140

Jardiniers 10 sur 100   F.   11,409

Autres professions agricoles 10 sur 100   F.   18,723

Patrons ou chefs d'*établissements industriels*, hommes et femmes (2ᵉ catégorie), 1 sur 100 F.   16,615

Ingénieurs, directeurs agents et employés, hommes et femmes 1 sur 10   F.   11,606

Ouvriers et ouvrières 2 sur 100   F.   58,763

Domestiques (industrie) 1 sur 10   F.   29,298

Patrons et chefs d'*établissements commerciaux* hommes et femmes (3ᵉ catégorie) 2 sur 10   F.   62,300

Employés commerciaux hommes et femmes 2 sur 10   F.   27,848

Domestiques (commerce) 1 sur 10   F.   10,112

Maisons de *banque, transports* etc. (4ᵉ catégorie), 1 sur 100   F.   672

Ingénieurs, directeurs agents et employés, 0 sur 100   F.   10,359

Ouvriers hommes et femmes 10 sur 100   F.   22,585

Domestiques hommes et femmes 10 sur 100 F.   3,570

Professions diverses (5ᵉ catégorie) patrons 10
sur 100   F.   4,654

Employés de toute nature hommes et femmes
10 sur 100   F.   4,540

Professions libérales et rentiers (6ᵉ catégorie)
chefs de maisons 10 sur 100   F.   169,547

Employés de toute nature 10 sur 100   F.   8,662

Domestiques 1 sur 10   F.   45,959

Total souscripteurs de 50 fr.   F.   910,660

Total montant de la souscription   F.   45,533,000

45. Souscriptions de 25 francs :

Cultivateurs propriétaires (1ʳᵉ catégorie) 2 sur
100   F.   95,588

Régisseurs et maitres-valets 20 sur 100 F.   42,110

Fermiers colons et métayers 1 sur 10   F.   240,276

Journaliers et ouvriers 2 sur 1.000   F.   9,224

Bûcherons et charbonniers 5 sur 100   F.   6,140

Jardiniers 10 sur 100   F.   11,409

Autres professions agricoles 10 sur 100 F.   18,723

Patrons ou chefs d'*établissements industriels*
(2ᵉ catégorie) hommes et femmes 1 sur 100 F.   16,615

Ingénieurs, directeurs, agents et employés
hommes et femmes 1 sur 10   F.   11,606

Ouvriers et ouvrières 4 sur 100   F.   117,526

Domestiques (industrie) 2 sur 10   F.   58,596

Patrons ou chefs d'*établissemen's commerciaux*
(3ᵉ catégorie) hommes et femmes 2 sur 10 F.   62,300

Employés commerciaux hommes et femmes
2 sur 10   F.   27,848

Domestiques (commerce) 2 sur 10   F.   20,224

Maisons de *banque*, de *transports* etc. (4ᵉ catégorie) 1 sur 100   F.   672

Ingénieurs, directeurs, agents et employés
10 sur 100   F.   10,359

Ouvriers hommes et femmes 1 sur 10   F.   22,585

Domestiques hommes et femmes, 2 sur 10 F.   7,140

Professions diverses (5ᵉ catégorie) patrons 10
sur 100   F.   4,654

Employés de toute nature hommes et femmes
10 sur 100   F.   4,540

Domestiques hommes et femmes 2 sur 10 F.   2,330

Professions libérales et *rentiers* (6ᵉ catégorie)
chefs de maisons 10 sur 100   F.   169,547

Employés de toute nature 10 sur 100   F.   8,662

Domestiques 2 sur 10   F.   91,918

Total souscripteurs de 25 fr.   F.   1,060,592

Total montant de la souscription   F.   26,514,800

46. Les nombres ci-dessus nous donnent :

Pour	8	souscriptions de	5,000,000	F.	40.000,000
—	2,867	—	100,000	F.	286,700,000
—	57,118	—	10,000	F.	571,180,000
—	401,061	—	3,000	F.	1,203,183,000
—	1,077,492	—	1,000	F.	1,077,492,000
—	4,582,873	—	100	F.	458,287,300
—	910,660	—	50	F.	45,533,000
—	1,060,592	—	25	F.	26,514,800

8,092,671 Souscript. produiraient donc F. 3,708,890,100

47. Le nombre total des personnes des six catégories de la statistique ministérielle, exerçant une profession ou un état quelconque en France, ou vivant de leur revenu personnel, est, d'après cette statistique, de   21,089,239

Le nombre des souscripteurs pouvant être, comme ci-dessus, de   8,092,671

Il resterait non souscripteurs.   12,996,568

Ainsi, sur 21,089,239 personnes capables de souscrire pour beaucoup, pour peu ou pour très-peu, nous ne prenons que 8,092,871 souscripteurs, soit moins des 2 cinquièmes. La souscription devant offrir certains avantages, comme on le verra plus loin, et, d'ailleurs, le patriotisme aidant, la somme que nous supposons sera atteinte, on peut l'espérer, par les seules souscriptions françaises. (1)

---

(1) L'emprunt de 2 milliards 200 millions du mois de juillet 1871 donna lieu, en moins de deux jours, à la souscription totale de 4 mil-

VI.

48. L'Emprunt se ferait aux conditions suivantes :

Les 4 milliards seraient représentés par 40 millions d'obligations de 100 francs, portant intérêt, à 2 p. 100, remboursables ou amortissables en 50 ans, par sommes de 80 millions chaque année.

Chaque obligation pourrait être divisée, suivant la demande des prêteurs, en coupures de 50, même de 25 francs.

Les obligations à rembourser seraient désignées par le sort.

Le paiement des intérêts et les tirages des lots se feraient tous les trois mois.

Les tirages des obligations à rembourser seraient autres que les tirages des lots.

La somme consacrée au paiement des intérêts, soit aussi 80 millions par an, ne varierait pas, de la 1re à la 50e année, c'est-à-dire que l'État paierait tous les ans, pendant les 50 années, 80 millions d'intérêt, sans égard à la diminution qu'auraient produite, dans le capital emprunté, les remboursements déjà effectués par l'amortissement annuel. Ainsi, les obligataires non encore remboursés, recevant tous les ans, la 2e, la 5e, la 20e, la 30e, la 40e, la 50e, comme la 1re année, les 80 millions d'intérêt convenus, il s'ensuivrait que cet intérêt irait, pour chacun d'eux, toujours croissant : Il serait de 2,50 p. 100, à la fin de la 10e année; de 3,33 p. 100, à la fin de la 20e année ; de 5 p. 100 à la fin de la 30e année, de 10 p. 100 à la fin de la 40e année ; de 100 p. 100 à la fin de la 50e année.

49. Un demi pour cent de la somme de 4 milliards empruntée, soit 20 millions, serait affecté à la formation de lots.

Cette somme de 20 millions permettrait la distribution, chaque année :

De	4 lots de 500,000 fr. Total.	2,000,000
De	8 lots de 100,000	800,000
De	16 lots de 20,000	320,000
De	32 lots de 10,000	320,000
De 16,560	lots de 1,000	16,560,000
Soit 16,620 lots, montant à		20,000,000

liards 800 millions : Dans cette souscription totale, la contribution française fut de 2 milliards 800 millions, celle de l'Étranger d'environ 2 milliards.

Le tirage des lots se ferait, comme on l'a dit, tous les trimestres.

Chaque obligation de 100 fr., lors même qu'elle serait sortie aux tirages d'amortissement, participerait aux tirages des lots jusqu'à la fin des cinquante années. Le porteur de toute obligation amortie recevrait un titre nouveau exprimant le droit de participation, qui serait continué même aux porteurs déjà favorisés par le sort : Il n'y aurait là rien d'excessif ni d'irrégulier, les chances étant égales pour tous les souscripteurs. (1)

50. Ainsi chaque souscripteur jouirait de la certitude d'être remboursé de ses obligations au plus tard à la fin de la 50e année, et de toucher, jusqu'au remboursement, un intérêt qui serait de 2 p. 100 dès la 1re année, et qui irait tous les ans croissant jusqu'à devenir égal au capital à la fin de la 50e année :

Il aurait la chance d'être remboursé, au moyen de l'amortissement, dès les premières années, et il recevrait, nonobstant, au moment du remboursement, un titre qui lui donnerait droit de participer au bénéfice du tirage des lots jusqu'à l'extinction de l'emprunt.

On trouvera, à la suite de ce travail, un tableau représentant le détail et l'ensemble de l'opération tout entière.

51. Nous ne croyons pas devoir discuter ici la question de la moralité des lots : appeler des capitaux par l'appât des seules chances du hasard ou du jeu serait immoral, puisqu'on exciterait ainsi les souscripteurs à leur ruine, mais il n'y a pas le moindre blâme à infliger à la transformation en lots d'une portion de l'intérêt attaché à une opération financière, et c'est seulement ce qui a lieu dans le projet d'emprunt proposé.

---

(1) On pourrait encore donner aux obligataires remboursés de la 1re à la 10e année le droit de participer aux tirages de lots *seulement* pendant 10 ans après leur remboursement ; aux obligataires remboursés pendant les 10 années suivantes, le même droit de participation *seulement* pendant 20 ans. L'intérêt montant à 3,33 p. 100 après la 20e année, et croissant ensuite en proportion de plus en plus forte, il n'y aurait plus lieu de dédommager les obligataires non remboursés du retard, en continuant de diminuer le nombre des participants aux lots et en laissant ainsi aux non remboursés des chances plus favorables.

Et même, comme en définitive, il s'agirait de chances plus ou moins b lles, comme ces chances auraient pour but d'attirer le plus grand nombre possible de souscripteurs aux quatre milliards d'obligations émises, le mieux serait peut-être de laisser, quant aux tirages des lots, à tous les souscripteurs, remboursés ou non, les mêmes avantages.

VII.

52. Dans la situation où se trouve aujourd'hui la France, frappée coup sur coup de charges, de dettes, d'emprunts, d'impôts, écrasantes, ce qui lui importe surtout c'est d'alléger autant que possible le présent, en reportant une partie du fardeau sur l'avenir, sans cependant aussi trop grever l'avenir.

53. L'amortissement par l'intérêt composé est un moyen puissant de remboursement, tout particulièrement en matière d'emprunt d'Etat. L'application de l'intérêt composé au paiement d'une dette d'Etat, non remboursable, se fait, en effet, par le simple rachat, au nom de l'Etat, des titres qui se vendent journellement à la bourse, et chaque rachat diminue d'autant la dette et supprime, du jour du rachat même, l'intérêt à payer sur les titres rachetés. Toutefois il faut tenir compte de la hausse de la valeur des titres, qui émis, par exemple, à 5 p. 100 d'intérêt, au taux de 83 francs, peuvent avoir bientôt acquis une valeur de 90 fr., de 92 fr., de 100 fr. et même plus, et qui, rachetés par l'Etat à ces cours divers, lui causent, par conséquent, une perte égale à la différence entre le taux d'émission et le cours au jour du rachat. Il est vrai que, si les porteurs des titres ne peuvent jamais exiger le remboursement, le droit de rembourser appartient à l'Etat, qui, lorsque son crédit s'est rétabli, lorsque ses finances sont devenues prospères, peut, ainsi que cela s'est vu, faire un nouvel emprunt à un taux très-favorable, pour éteindre la dette onéreuse ; mais avant que ces heureuses situations se présentent, l'amortissement a coûté d'énormes sacrifices et dévoré d'énormes annuités.

54. Ces observations sur le fonctionnement de l'amortissement, et les précédentes sur la nécessité de ne trop charger ni le présent ni l'avenir, ont pour but de montrer combien le système d'emprunt que nous proposons : Emission d'obligations à l'intérêt de 2 p. 100 (de 2 1/2 lots compris), payable sur le capital tout entier pendant 50 années sans égard à la diminution du capital par l'amortissement, et avec amortissement annuel de 2 p. 100, est favorable. L'Etat ne paierait que 4 1/2 p. 100 par an, amortissement et intérêt ; il arriverait à se libérer au bout de 50 ans ; et, moyennant les 3 milliards (sur les 4 milliards) à affecter à l'indemnité allemande, il se trouverait à l'instant

affranchi de cette dette, qui donne à l'Etranger le droit de se maintenir sur le sol français, et des 5 p. 100 d'intérêt par an qu'elle impose. Les 150 millions d'intérêt à payer aux Allemands sans bénéfice d'amortissement pour les 3 milliards de l'indemnité, se trouveraient donc convertis en 135 millions à payer pendant 50 années, avec bénéfice d'amortissement, aux obligataires.

55. Mais, qu'on le comprenne bien, l'emprunt dans ces conditions, ne peut être présenté par le Gouvernement. Tout Gouvernement qui présente ou propose un emprunt est assujetti à une règle absolue, impérieuse ; les conditions de l'emprunt doivent être celles de son crédit : Or le crédit du Gouvernement est fixé par le cours de ses valeurs ; c'est le cours du 3 p. 100, du 5 p. 100 à la bourse, aux approches du jour de l'ouverture, qui commande les conditions de l'emprunt, soit qu'il se fasse en émissions non remboursables, soit qu'il se fasse en émissions remboursables au bout d'un certain nombre d'années. On calcule, dans l'un et l'autre cas, ce que vaudront d'après les cours actuels du marché financier, la rente ou les obligations émises, et l'on fixe un peu au-dessous de ce cours le taux de l'emprunt à proposer.

Aussi n'avons-nous jamais admis, quant à nous, que le patriotisme entrât pour beaucoup dans les emprunts qui se sont faits jusqu'ici et sous la République et sous l'Empire ; on offrait aux prêteurs des conditions meilleures que celles du crédit de l'Etat : les prêteurs affluaient. Ils affluaient parce que l'offre était bonne, parce que le prix était avantageux. Ce qui prouve que le patriotisme n'était qu'une considération de peu de poids, c'est que l'Etranger figurait pour une très-grande partie dans les demandes.

56. La souscription de l'emprunt proposé devra donc être surtout inspirée par le patriotisme ; mais il ne s'agit plus, comme dans la souscription des femmes de France d'un pur sacrifice à demander aux souscripteurs. Chacun trouvera dans l'emprunt un placement raisonnablement acceptable : remboursement du capital par 50es, par an, en 50 ans; intérêt montant progressivement de 2 à 100 p. 100, de la 1re à la 50e année ; participation à des tirages trimestriels de lots de nombre et de valeurs très-considérables, espoir doux au riche et au pauvre, surtout au pauvre : Il n'y a certes, dans ces conditions, rien qui, même au

point de vue d'une bonne administration, doive écarter le propriétaire prévoyant, le père de famille, le possesseur, à quelque degré que ce soit, d'un moyen d'existence par le travail, d'un avoir ou d'une fortune, et il n'est pas douteux qu'un appel au sentiment français, à l'amour du pays , à la fierté nationale, au besoin d'affranchissement, au patriotisme de tous, ne fût suivi de l'apport, de l'accumulation de toutes ces ressources que nous avons plus haut énumérées (N° 38 et suiv. 46 et 47).

57. Et, si cet élan se prononçait, les quatre milliards ne seraient pas couverts seulement par les souscriptions françaises : on verrait, au moment de l'Émission , affluer les demandes de l'Etranger. Les lots font sur les masses l'effet le plus attractif : L'emprunt de 350 millions de la ville de Paris, en 1871, fut, malgré ses conditions peu avantageuses et la pénurie du moment, souscrit *dix-sept fois*. grâce à l'attrait des lots et des tirages : La ville de Florence offrit, à elle seule, la totalité des 350 millions demandés.

58. Cependant nous ne devons pas laisser ignorer qu'aux bourses de Londres, de Berlin, de Francfort les valeurs à lots sont privées de la taxe officielle. Ces valeurs ne peuvent donc, sur ces places, être soutenues que par les négociations en coulisse ou en banque. C'est un moyen important : mais ne serait-il pas possible d'obtenir par les voies diplomatiques que l'interdiction fût levée ? Le Gouvernement négocie, en ce moment même, avec l'Angleterre relativement aux tarifs et aux conditions d'importation qui doivent être la suite de la dénonciation des traités de commerce : Ces traités, les efforts si pénibles de l'industrie qu'ils ont provoqués, les progrès énormes qui en sont résultés, le bon marché de la plupart des produits, dû à la concurrence, l'honneur du fabricant français qui, même pour les objets de gran'e production, arrive à pouvoir lutter avec les fabricants du monde entier, tout cela ne peut être inconsidérément entravé, supprimé, anéanti. Le Gouvernement s'est d'ailleurs engagé , vis-à-vis l'Assemblée nationale, à respecter tous ces grands intérêts : qu'il se montre donc éclairé, large dans les négociations, digne appréciateur des bonnes relations commerciales entre les Nations , il obtiendra, en retour, les concessions qu'il demandera, et au nombre de ces concessions, en ce qui concerne l'Angleterre,

l'ouverture du marché public anglais aux valeurs françaises de toute condition et de toute nature.

Quant à l'Allemagne, elle est la première intéressée à ce que la France puisse s'acquitter promptement envers elle : Rien ne serait plus dans les désirs de l'Allemagne que de recevoir tout-à-coup et par anticipation les trois milliards qui lui sont dus ; ses soldats en France lui pèsent d'ailleurs autant qu'à nous. L'Allemagne s'empressera donc de favoriser aussi tout ce qui pourra hâter la libération de notre territoire.

59. A l'œuvre donc, Français de toutes les classes et de tous rangs, hommes, femmes riches, pauvres, grands et petits, propriétaires, financiers, ouvriers, travailleurs de toute profession et de tout état, appelez-vous les uns les autres !

Evêques, prêtres, pasteurs, vous dont la charité est si ardente, dont le patriotisme est éprouvé, usez de votre légitime et honorable influence ! Aider à la libération du territoire, assurer l'indépendance de la nation, c'est remplir un devoir sacré selon la loi divine autant qu'humaine. Eclairez les villes et les campagnes, préparez la paroisse pour qu'au jour fixé tous les habitants capables de souscrire aillent, avec leur maire et leur curé en tête, porter à la caisse de l'emprunt leur souscription de cent, de cinquante, de vingt-cinq francs : le plus simple coupon de l'emprunt national sera un titre d'honneur, surtout dans les pauvres familles.

Chefs d'établissements industriels et commerciaux, patrons, chefs de maison, chefs de famille, éclairez, préparez aussi vos ouvriers, vos employés, vos serviteurs : La souscription à l'emprunt national serait d'un meilleur rapport que le placement à la caisse d'épargne (1). Les déposants qui retireraient une partie de leurs dépôts ne sacrifieraient donc ni ne compromettraient leurs économies.

---

(1) Voici les divisions par classes de quotité, de livrets et de crédits, et par professions des déposants, ouvriers, domestiques et employés, des dépôts aux caisses d'épargne, au 31 décembre 1866 :

Quotités, livrets et crédits.

Quotités des dépôts	Nombre des livrets	Montant des crédits
De 500 fr. et au-dessus	1,308,793	173,270,584,96
De 501 fr. à 800 fr.	214,319	132,273,550,37
De 801 fr. à 1,000 fr.	125,862	113,502,881,52
Totaux.	1,645,974	419,047,016,85

60. Et vous surtout, femmes de France, qui, dans votre zèle pour le pays, aviez entrepris d'aller et êtes allées quérir à domicile, sur toute la surface de la France, les offrandes et les dons pour la libération, reprenez votre pieuse mission : demandez non plus des *dons*, mais engagez à *souscrire* à l'emprunt national. Les portes vous seront toutes ouvertes : Vous proposerez aux anciens donateurs de convertir leurs dons en obligations qui rapporteront intérêts, lots et remboursement du capital souscrit. La juste rénumération de ce capital, fruit, pour le pauvre surtout, de tant de labeur et de tant de peine, fera que toutes les mains s'ouvriront, que la promesse de souscrire sera donnée avec joie.

S'il en est besoin, vous ferez connaître leurs devoirs aux chefs d'établissements, aux patrons, aux chefs de famille. Vous animerez leur zèle ; excités par vous, ils obtiendront de nombreux et larges engagements de souscriptions de leurs ouvriers, de leurs employés, de tous les gens de leurs maisons, et l'on vous devra ces nombres infinis de souscripteurs, qui donneront à l'emprunt le caractère d'un soulèvement de la population tout entière contre l'occupation du territoire et contre l'Étranger.

61. Mais ce sera surtout des grandes maisons de banque, de commerce et d'industrie que dépendra le succès de la souscription nationale : On parle d'entente, d'accord qui se préparerait entre les banquiers français et les banquiers étrangers pour arriver à la réalisation d'un emprunt de 3 milliards, qu'émettrait le Gouvernement sans doute dans les conditions ordinaires : Ne serait-il pas possible d'arriver à libérer la France par une entente entre les banquiers français seuls, aidés des grands propriétaires du sol et de la nation toute entière ? Les maisons de banque françaises sauront bien faire par elles-mêmes ; elles s'associeront, elles se coaliseront, elles formeront des syndicats puissants.

Si d'ailleurs, la France se porte avec élan vers sa rançon, les

Professions des déposants.

Professions	Nombre des livrets	Montant des crédits
Ouvriers	93,619	17,451,105,39
Domestiques	41,482	6,513,452,75
Employés	11,616	2,104,388,35
Totaux.	146,717	26,068,946,49

étrangers viendront, nous l'avons dit et nous le répétons, lui disputer une part et une large part dans la souscription générale.

62. Et, dans ce grand concours de tous les Français pour l'affranchissement du pays, la presse à la voix si rétentissante, la presse si puissante sur l'opinion publique, ne manquera pas à sa tâche. C'est elle qui, chaque jour, excitera le dévouement, encouragera le zèle ; c'est elle qui reliera tous les efforts et assurera le triomphe.

63. Et l'on verra toutes les opinions, tous les partis s'unir dans une même pensée, dans un même dévouement, dans une même action, pour la libération, pour l'indépendance, pour le salut commun : La souscription à l'emprunt national opèrera ce prodige !

En 1870 et 1871, la France a éprouvé bien des revers. Elle avait presque acquis le nom d'invincible et ses armes ont été humiliées ! Une de ses plus riches provinces lui a été soustraite ; une autre a été diminuée ; une rançon de cinq milliards a été imposée à la nation : Il fut un autre temps où notre chère patrie se trouva soumise à des revers plus grands encore : l'Anglais régnait sur une forte partie du territoire ; nos rois étaient devenus captifs ; les règnes malheureux de Philippe de Valois et de Jean II avaient ruiné, les batailles de Crécy (1346) et de Poitiers (1356) avaient abaissé la France. La guerre civile et la jacquerie désolaient le pays, les *Compagnies*, les *Routiers* ravageaient les campagnes. Cependant le sage Charles V, aidé de l'habile et vaillant du Guesclin parvint à rétablir la fortune du pays : Bertrand du Guesclin non-seulement arracha aux Anglais, la Normandie, le Poitou, la Saintonge, la Guyenne, l'Auvergne, mais il délivra, du moins pour un temps, la France des *Routiers* et des *Compagnies*, en les amenant en Espagne combattre pour Henri de Transtamare contre Pierre-le-Cruel, roi de Castille. C'est dans cette campagne qu'ayant éprouvé une défaite en combattant encore les Anglais que Pierre-le-Cruel avait appelés à son secours, il fut pris et conduit à Bordeaux, prisonnier du Prince de Galles. Le prince Noir paraissant vouloir retenir indéfiniment le grand Capitaine, un des siens osa lui dire qu'on attribuait cette rigueur à la crainte que lui inspirait du Guesclin et à l'ombrage que lui portaient sa valeur et son épée : ce reproche enflamma le Prince, et, après avoir offert au prisonnier de le rendre sur le champ libre s'il s'engageait à ne plus porter les armes contre lui, ni contre le roi son père ni contre les alliés de l'Angleterre, ce qui fut, rejeté avec indignation, il lui proposa de fixer lui-même sa rançon. du Guesclin répondit, sans hésiter, qu'il la fixait à cent mille florins, et comme le prince s'en étonnait et paraissait croire que Bertrand se moquait de lui : « Cet homme veut se *gaber* de moi » disait-il aux seigneurs qui l'entouraient : Hé bien ! ajouta du Guesclin, qui devinait sa pensée et craignait de l'irriter, donc soixante mille francs d'or ; je n'en rabattrai pas un denier. Mais comment pourrez vous me payer une telle somme, lui demanda Edouard, puisque vous vous dites si pauvre ? Je vous assure que je vous aurais laissé libre pour dix mille francs : Monseigneur, répliqua Bertrand, les rois de France et d'Espagne en paieront la moitié et j'ai des amis en Bretagne qui m'aideront volontiers. Enfin si, nonobstant, les ressources manquent encore, • *toutes les femmes* • *et filles de France fileront leur quenouille* pour parfaire le prix « de ma rançon • (1). Ce ne furent ni les amis bretons , ni la quenouille des femmes et des filles de France qui soldèrent les soixante mille francs d'or. La princesse de Galles donna tout d'abord vingt mille florins. Du Guesclin , parti ensuite pour compléter la somme , la distribua sur la route à tous les malheureux ruinés par la guerre, avec une générosité non moins aventureuse que sa bravoure. Il revenait à Bordeaux les mains vides , lorsqu'un messager du roi de France paya pour lui. Au temps de du Guesclin , fort légers étaient les profits de la quenouille et du filage : De nos jours, le travail est plus productif et il s'agit de la rançon de la France !

64. Les ouvriers français sont pour l'habileté, le génie, le goût, la finesse de la main, les premiers ouvriers du monde :

---

(1) On chante à S.-Brieuc et dans le département des Côtes-du-Nord (Duguesclin était né en 1320 au château de Broons, non loin de Saint-Brieuc) une romance touchante, rappelant le mot de la *quenouille* des femmes et des filles de Bretagne et de France :

De du Guesclin célébrons la mémoire,

. . . .

. . . .
Filez, femmes de la Bretagne,
Filez la quenouille de lin,
Pour rendre à la France à l'Espagne
Messire Bertrand du Guesclin.

l'industrie française est active et féconde. Le pays peut donc compter sur un concours efficace et puissant de toutes les classes ouvrières. Des gages ont, d'ailleurs, été déjà donnés : Aussitôt que la première idée de souscription patriotique a été émise par les femmes de France, un applaudissement s'est élevé de tous les ateliers : C'était à qui se présenterait le premier pour offrir, pour *donner* des journées de travail et de salaire. Aujourd'hui, il ne s'agit plus de *donner* : il s'agit de *placer*, pour la libération, pour l'honneur du pays, quelques économies, acquises ou à acquérir par le travail, de les placer sur le crédit de la France !

Donc que le zèle redouble !

Que dans toutes les usines, dans les manufactures, dans les fabriques, dans les grands, dans les petits ateliers, on se coalise, on se prépare !

Qu'à un jour donné, chaque mois, chaque semaine, le charbon, la vapeur alimentent la machine motrice ; que la roue tourne, que le métal se fonde, que le fer, l'acier, le cuivre prennent forme et deviennent navire de mer ou de rivière, grande pièce de construction, arbre ou bras de machine, outil aux dimensions colossales, instrument de labour ou de fabrication ; que le marteau frappe, que la scie tranche, que la lime polisse, que des milliers de bras s'évertuent pour concourir à rendre le pays franc et libre !

Que la laine, le chanvre, la soie se transforment en fil, le fil en tissus communs ou de prix ; que la broche qui a remplacé le fuseau de la quenouille ancienne se livre à son mouvement de rotation que l'œil ne peut suivre ; que la navette se démène, que le métier guidé par la main du tisseur suive sa marche intelligente et régulière !

Que la pierre et le moëllon se taillent et se superposent, que le mortier se pétrisse, que l'équerre fasse l'aplomb, que la truelle enduise !

Que la hâche façonne la poutre gigantesque ; qu'au moyen des entailles, des tenons, des mortaises, les pièces de charpente se lient dans un assemblage inébranlable !

Que le doigt pousse l'aiguille, que les vêtements se confectionnent, vêtements du pauvre, du riche, de la fortune moyenne, vêtements de luxe et de bon goût !

Que la préparation de tant d'objets si divers, nécessaires à la vie, donnent lieu à des journées de travail pour le paiement de la rançon de la France !

Que les ouvriers de l'orfèvrerie, de la bijouterie, de la joaillerie, les ouvriers sculpteurs, graveurs, ciseleurs, les ouvriers de l'imprimerie, les ouvriers de tous les arts, de tous les états, de toutes les industries, s'entendent avec les patrons pour assurer le succès de l'emprunt national, pour hâter la libération du territoire !

Rien ne résisterait à ce grand mouvement des travailleurs ; la souscription de quatre milliards serait atteinte !

Et la France serait affranchie et sauvée par la France !

Paris, 15 mai 1872.

L. LE HIR.

(Voir, sur les 2 pages qui suivent, le tableau de l'opération de l'emprunt tel qu'il a été annoncé et expliqué ci-dessus, n°ˢ 48, 49 et 50, et tel qu'il se présente aux yeux des souscripteurs.

L'annuité de 180,000 millions payée par l'Etat, amortissement, intérêts et lots compris, représente arithmétiquement, au compte de l'Etat, 3,80,429 p. 100 d'intérêt et 0,69,571 d'amortissement (L'emprunt Soubeyran, dont les conditions sont détaillées ci-dessus, n° 2, ressortirait à l'intérêt 2,875, amortissement 0,625 p. 100.)

EMPRUNT NATIONAL DE QUATRE MILLIARDS

POUR LA LIBÉRATION DU TERRITOIRE ET LA RÉPARATION DES DOMMAGES CAUSÉS
PAR LA GUERRE ÉTRANGÈRE ET PAR LA GUERRE CIVILE

TABLEAU REPRÉSENTANT L'ÉTAT DE L'OPÉRATION A LA FIN DE CHAQUE ANNÉE,

Lots de 20,000,000 fr. par an, soit un demi pour cent du capital, non compris.

ANNÉES.	Capitaux dus par l'Etat à la fin de chaque année.	Sommes amorties chaque année.	Intérêts payés chaque année.	Tant pour cent d'intérêts reçu chaque année par les prêteurs.
A la fin de la 1re année l'Etat devra, Capital.	F. 4.000.000.000			
Il remboursera ou amortira. .	. . . .	F. 80.000.000		
Il paiera intérêts. . . .	. . . .	. . . .	F. 80.000.000	
Soit pour 100 francs. . .	. . . .	. . . .	. . . .	F. 2,00.00
A la fin de la 2e année l'Etat devra, Capital.	F. 3.920.000.000			
Il remboursera ou amortira. .	. . . .	F. 80.000.000		
Il paiera intérêts. . . .	. . . .	. . . .	F. 80.000.000	
Soit pour 100 francs. . .	. . . .	. . . .	. . . .	F. 2,04.08
A la fin de la 3e année l'Etat devra, Capital.	F. 3.840.000.000			
Il remboursera ou amortira. .	. . . .	F. 80.000.000		
Il paiera intérêts. . . .	. . . .	. . . .	F. 80.000.000	
Soit pour 100 francs. . .	. . . .	. . . .	. . . .	F. 2,12.85

A la fin de la 10e année l'Etat devra, Capital.	F. 3.200.000.000			
Il remboursera ou amortira.		F. 80.000.000		
Il paiera intérêts.			F. 80.000.000	
Soit pour 100 francs.				F. 2,50.00
A la fin de la 20e année l'Etat devra, Capital.	F. 2.400.000.000			
Il remboursera ou amortira.		F. 80.000.000		
Il paiera intérêts.			F. 80.000.000	
Soit pour 100 francs.				F. 3,33.33
A la fin de la 30e année l'Etat devra, Capital.	F. 1.600.000.000			
Il remboursera ou amortira.		F. 80.000.000		
Il paiera intérêts.			F. 80.000.000	
Soit pour 100 francs.				F. 5,00.00
A la fin de la 40e année l'Etat devra, Capital.	F. 800.000.000			
Il remboursera ou amortira.		F. 80.000.000		
Il paiera intérêts.			F. 80.000.000	
Soit pour 100 francs.				F. 10,00.00
A la fin de la 50e année l'Etat devra, Capital.	F. 80.000.000			
Il remboursera ou amortira.		F. 80.000.000		
Il paiera intérêts.			F. 80.000.000	
Soit pour 100 francs.				F. 100,00.00

FORCES ET INSTITUTIONS PRODUCTIVES DE LA FRANCE.
— *Crédit foncier, crédit agricole, assurances terrestres, chemins de fer, agriculture, commerce, industrie, commerce transatlantique en France*, par M. LE HIR, docteur en droit, chevalier de la légion d'honneur. — Un volume grand in-8° prix, franc de port : 4 fr. — Rue de la Sourdière, 19.

Le système présenté par l'auteur, relativement à l'institution du *crédit foncier*, tend à ramener cette grande institution vers son véritable but : le *prêt hypothécaire*. Pour y parvenir, il faut rendre les emprunts faciles et les annuités aussi légères que possible ; or le crédit foncier, comme tous les établissements financiers, est obligé de fixer l'intérêt à payer sur ses prêts, d'après la valeur c'est-à-dire la rareté de l'argent ou du numéraire, d'après l'état du crédit au moment où il prête. Il y aura donc des temps où l'emprunteur devra payer plus cher ; et, comme les prêts se font à long terme, ce sera pour lui une charge énorme. On rétablirait l'équilibre entre tous les emprunteurs en les appelant à participer au partage des bénéfices et en compensant, par une part plus élevée dans ces bénéfices, les charges de ceux qui auraient emprunté dans les temps les moins favorables.

Dans le chapitre de l'*agriculture*, l'auteur, à l'encontre de ce qui avait été admis jusqu'ici, démontre que le développement de l'agriculture, chez les nations avancées en commerce et en industrie, dépend surtout du développement du commerce et de l'industrie.

Il appelle toute la sollicitude du Gouvernement sur la grande question du *commerce transatlantique*. Il démontre que ce commerce, par l'heureuse situation de la magnifique rade de Brest (Port dans l'Elorn, rivière de Landerneau), appartient à la France. Or, quelque effort que fasse le Gouvernement pour augmenter le mouvement commercial et industriel, quelque abaissement qu'il provoque dans le prix des transports, par quelque dégrèvement qu'il favorise l'entrée des matières premières, si, en même temps, il ne procure pas à la France des débouchés, s'il n'en fait pas le grand marché du globe, tous ses efforts seront impuissants : le commerce, l'industrie nationale, l'agriculture resteront languissants.

Le commerce transatlantique est le grand moyen que l'auteur propose pour augmenter au plus haut degré les forces et la richesse de la France. Par le commerce transatlantique, il fait de la nation française la première nation politique, commerciale, industrielle, agricole et maritime du monde.

Saint-Brieuc, Imp. L. Prud'homme.